이 책을

------------------에게

드립니다.

HIGH

지은이 제스 맥기친 · 옮긴이 윤영 · 감수자 정현철

더숲 STEAM

이 책을 나의 가족과 친구들,
야생 숲과 깨끗한 산, 그리고 안전한 기후 미래를 위해 애쓰는 분들에게 바칩니다.

기꺼이 전문적인 지식과 시간을 나누어 주신 런던 애시크로프트 박사, 헤이즐 리처즈 박사,
톰 페어먼 박사, 캐런 로 박사, 캐롤린 포스터, 앨리스 서덜랜드-호스에게 깊은 감사를 드립니다.

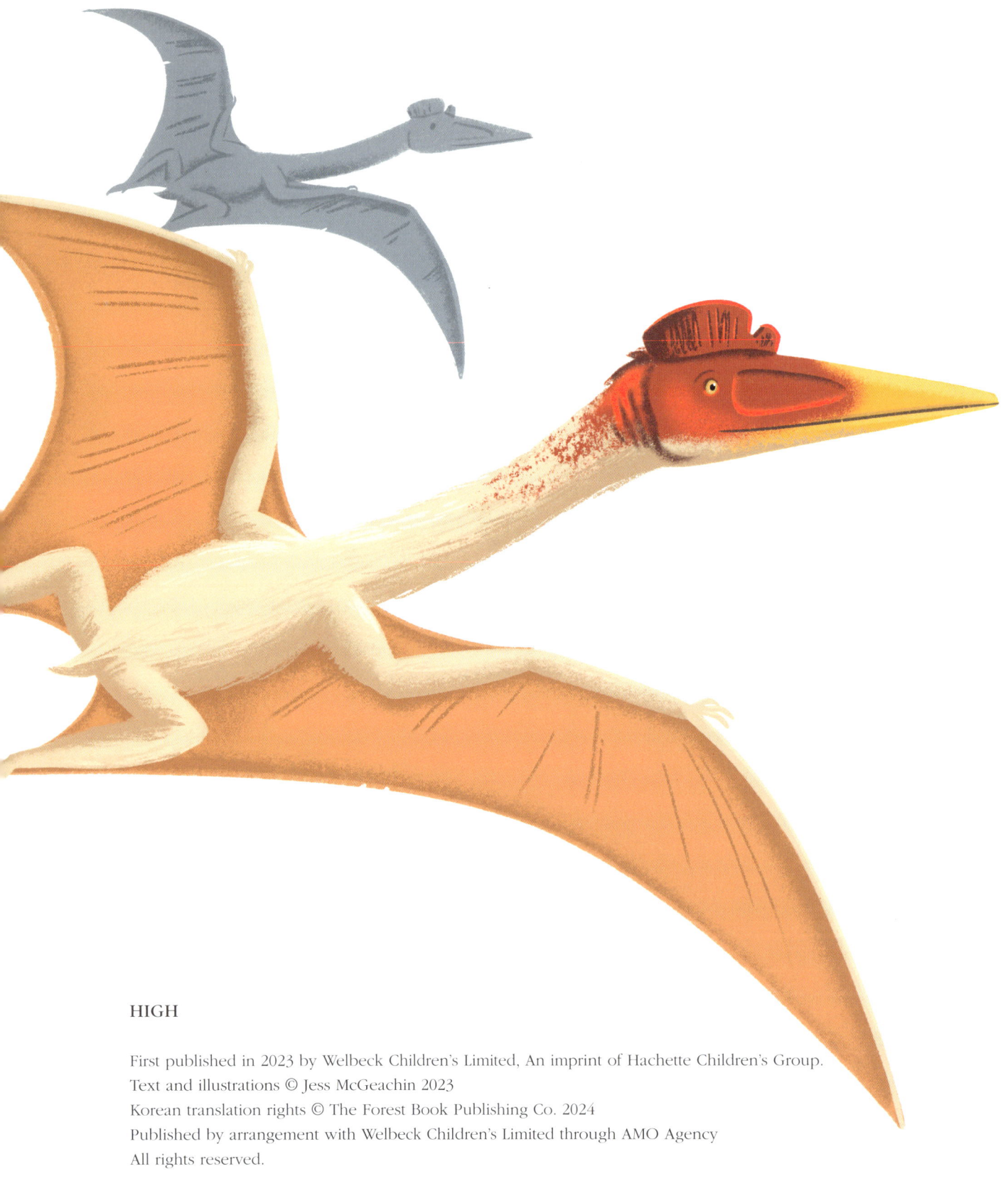

HIGH

First published in 2023 by Welbeck Children's Limited, An imprint of Hachette Children's Group.
Text and illustrations © Jess McGeachin 2023
Korean translation rights © The Forest Book Publishing Co. 2024
Published by arrangement with Welbeck Children's Limited through AMO Agency
All rights reserved.

이 책의 한국어판 저작권은 AMO 에이전시를 통해 저작권자와 독점 계약한 더숲에 있습니다.
저작권법에 의해 한국 내에서 보호를 받는 저작물이므로 무단 전재와 무단 복제를 금합니다.

차 례

감수의 글	8
이륙 준비를 하세요	10
높은 곳에서의 삶	12
아주 오래된 거인들	14
나무가 집이에요	16
둥지와 은신처	18
사라지는 숲	20
높은 건물들	22
무덤과 신전	24
적의 침입을 막아라	26
높이, 더 높이	28
높은 곳을 나는 것들	30
어떤 날개가 좋을까?	32
춤추는 작은 곤충들	34
비행 패턴	36
자연에서 얻은 영감	38
하늘을 나는 사람들	40

높은 봉우리들	42
딱 적당한 고도	44
산에서 사는 삶	46
위험한 꿈	48
높은 하늘	50
구름 관찰하기	52
심각한 위험	54
우주에서 보는 지구	56
높은 신의 영역	58
하늘의 신/별의 신	60
별에 얽힌 이야기	62
바쁜 하늘길	64
비행 규칙	65
용어 사전	66
찾아보기	68

감수의 글

아이들의 과학적 호기심과
상상력을 자극하는 멋진 선물 같은 책

과학 영재들을 오랫동안 만나면서 알게 된 사실은 과학 영재들은 단지 머리가 좋거나 학업 성적이 우수한 것이 아니라 풍부한 호기심과 상상력을 가지고 있다는 점입니다. 특히 호기심과 상상력은 어려서부터 경험하고 체득하는 것이 매우 중요합니다. 아이들의 무한한 호기심과 상상력을 자극하는 일이야말로 아이들에게 줄 수 있는 가장 멋진 선물입니다.

《DEEP 딥》과 《HIGH 하이》는 바로 그런 선물과도 같은 책입니다. 깊은 바다의 신비로운 세계, 생명의 다양성, 끝없이 펼쳐진 하늘의 아름다움, 고대의 역사와 기술의 진보에 이르기까지 아이들을 놀라운 지식과 상상의 세계로 안내합니다. 아이들은 페이지를 넘길 때마다 깊고 깊은 바다의 환상적인 생명체들과 높고 높은 하늘을 유영하는 갖가지 새들, 땅 위 다양한 곳에 서식하는 동식물들 그리고 경외감을 느끼게 하는 자연의 풍광을 만날 것입니다. 이 책에서 펼쳐지는 경이로운 세상은 아이들이 이해하기 쉽도록 설명되어 있으며, 풍부한 이미지와 일러스트레이션이 과학적 호기심을 불러일으킵니다.

이 책을 통해 아이들은 주변 세계를 새로운 시각으로 바라볼 것이며, 과학이 우리 일상에 얼마나 깊숙이 뿌리내리고 있는지 깨닫게 될 것입니다. 탐험하고, 발견하고, 배우고 싶어 하는 모든 이에게 이 책을 권합니다. 과학의 놀라운 세계로 첫걸음을 내딛는 이들에게 이 책이 최고의 안내자가 되어 줄 것입니다.

정현철 (전 KAIST 과학영재교육연구원장)

이륙 준비를 하세요

안전벨트를 하고 날개를 활짝 편 후 하늘을 향해 날아오를 준비를 하세요.
우리는 키가 큰 나무부터 우뚝 솟은 고층 건물, 그리고 그것들에 그늘을 드리우는
높은 산꼭대기까지 지구상에서 가장 높은 곳으로 여행을 떠날 거예요.

이곳은 등반가와 비행사의 세상이에요. 날카로운 발톱과 따뜻한 털이 쓸모가 있을 거예요.
깃털까지 있으면 더 좋겠죠. 아, 높이 올라갈수록 공기가 부족해지니 산소도 챙기세요.
다른 탈것의 도움을 받을 수도 있어요. 나무로 만든 글라이더, 열기구 풍선,
신들의 황금 마차 중에서 골라 보세요.

여러분의 발이 땅에서 떠오르면 아래에 보이는 지구는 점점 더 작아질 거예요.
높은 곳에서는 모든 게 한눈에 내려다보여요. 우리 집도 위에서 보면 보잘것없이 작게 느껴질걸요?
준비됐나요? 하나, 둘, 셋…… 이륙!

시력이 좋아야 해요

높은 곳에 오래 있으려면 시력이 좋아야 해요. 매나 독수리 같은 맹금류는 큰 눈이 정면을 향해 있어 거리 감각이 뛰어나요. 저 멀리 땅에 있는 먹잇감을 몰래 관찰하기에 좋답니다.

초록빛 나뭇잎

나뭇잎은 작은 태양 전지판이나 마찬가지예요. 햇빛을 에너지로 바꾸니까요. 이 과정에서 엽록소라는 화학 물질을 이용하는데 이게 우리 눈에는 초록색으로 보인답니다. 계절이 바뀌고 햇빛이 줄어들면 식물의 엽록소 양도 줄어들어요. 그러면 짙푸른 초록색 나뭇잎이 빨갛거나 노랗게 바뀌죠.

나무 위는 시끌시끌해요

나무에서 들려오는 소리에 귀 기울여 보세요. 새들은 노랫소리로 자신의 영역을 표시하고, 다람쥐들은 겨울 동안 저장해 둘 먹이를 찾아 바쁘게 뛰어다녀요. 나무들은 공기 중의 화학 물질이나 비밀 균근망을 통해 서로 대화를 나눈답니다.

높은 곳에서의 삶

우린 눈앞이나 발밑을 보는 데에는 시간을 많이 쓰지만 하늘은 잘 올려다보지 않아요. 하지만 가지가 뻗어 나오는 줄기에서 무성한 잎사귀로 뒤덮인 꼭대기 사이에는 완전히 새로운 세상이 펼쳐져 있어요. 이곳에서 살려면 급강하와 활공을 잘해야 한답니다. 그리고 제대로 된 집이 있으면 아래로 내려갈 필요가 없어요.

윗동네는 안전해요

높은 곳에서의 생활에는 장점이 있어요. 여름에는 시원하고 그늘이 져요. 먹을 것도 풍부하고 아래에 있는 포식자들과도 거리를 둘 수 있어요. 둥지를 만들기엔 최고의 장소죠. 하지만 더 높은 곳에서 빙글빙글 돌고 있는 위험한 동물을 조심해야 해요.

아주 오래된 거인들

여러분은 나무처럼 꼼짝 말고 서 있으라는 말을 들어 본 적이 있나요? 그렇다면 마음껏 움직여도 돼요. 사실 나무는 가만히 있는 게 아니라 끊임없이 움직이죠. 햇빛에 더 가까워지기 위해 위로 조금씩 뻗어 올라가고, 균형을 맞추기 위해 가지를 짝 펼치기도 하거든요.
세쿼이아 종류는 수천 년을 살아요. 그 나무는 평생 무엇을 보며 살아왔을까요? 또 우리가 사라진 후 무엇을 보게 될까요?

나왕
높이 90미터

저기 태양이 있어요

대부분의 식물과 마찬가지로 나무는 태양을 이용해 에너지를 만들어요. 그런데 이웃 나무가 햇빛 받는 통로를 가로막는다면? 그럴 땐 남들보다 더 크게 자라야겠죠? 물과 영양이 충분히 공급되면 나무는 아주 크게 자랄 수 있어요.

바오밥나무
높이 30미터

판야나무
높이 60미터

역시 뿌리가 중요해

키가 큰 나무는 뿌리도 길게 뻗어요. 그런데 주변 흙이 너무 얕다면 지지대가 필요해요. 여기 땅 위로 나와 있는 뿌리가 자전거 보조 바퀴처럼 나무를 고정시켜 줘요. 세쿼이아 종류는 바짝 붙어서 자라기 때문에 뿌리도 서로 달라붙게 되고, 결국 서로가 서로를 지탱해 준답니다.

자라는 건 쉽지 않아

나무가 뿌리로 빨아들인 물은 줄기를 타고 올라가요. 나무가 클수록 이 과정이 쉽지 않아요. 하지만 세쿼이아 종류에겐 해결책이 있어요. 바로 안개가 자주 끼는 기후를 이용해 나뭇잎으로 직접 물을 흡수하는 거예요. 그러면 성장에 필요한 에너지를 절약할 수 있답니다.

미국삼나무
높이 116미터

자이언트 세쿼이아
높이 85미터

참오동나무
높이 80미터

마가목
높이 100미터

기억을 품은 고리

나무는 오랜 기억을 품고 있어요. 연륜연대학자는 나무의 시간을 연구하는 과학자예요. 그들은 나무줄기의 나이테를 읽어서 수백 년 전에 나무에 무슨 일이 있었는지를 알아낼 수 있어요. 폭이 넓은 나이테는 그해가 따뜻하고 습했음을, 폭이 좁은 나이테는 그해가 춥고 건조했음을 알려 준답니다.

나무가 집이에요

교목성 동물이란 대부분의 (또는 모든) 시간을 나무에서 보내는 동물을 말해요. 이 동물은 다양한 방식으로 나무에서의 생활에 적응했어요. 날카로운 발톱, 재주 많은 꼬리, 잘 늘어나는 피부 덕분에 땅을 밟지 않아도 상관없어요.

코알라

나무타기캥거루

천천히, 느릿느릿

나뭇잎은 영양분이 많지 않아요. 그래서 코알라나 나무늘보같이 나뭇잎을 좋아하는 동물들은 최대한 많이 먹어야 하고, 틈만 나면 잠을 자면서 느릿느릿 살아가야 해요. 그래야 에너지를 아낄 수 있으니까요.

떨어지면 안 돼

나무 위에서는 균형을 잘 잡아야 해요. 교목성 동물들은 좁은 나뭇가지에서 떨어지지 않기 위해 무게 중심이 낮아요. 꼬리도 균형을 잡는 데 도움을 줘요. 나무달팽이처럼 몸이 끈적끈적한 것도 도움이 된답니다.

나무사향고양이

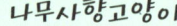

카멜레온   나무달팽이   초록나무비단뱀

날아가는 방법도 있지

숲 바닥은 위험해요. 그래서 일부 포유류, 개구리, 도마뱀은 쭉 늘어나는 막을 발달시켰어요. 그 덕분에 나무 사이를 낙하산을 타듯 날아다닐 수 있어요. 혹시 뱀을 무서워하나요? 파라다이스날뱀은 몸을 납작하게 만들어 바람을 타고 날아다닐 수 있으니 머리 위를 조심하세요.

월리스날개구리

유대하늘다람쥐

파라다이스날뱀

날도마뱀

날여우원숭이

나무타기산미치광이

거미원숭이

나무천산갑

꼬리도 쓸모가 있어요

팔이 하나 더 있었으면 좋겠다는 생각이 든다면, 무언가를 잡을 수 있는 꼬리를 이용해 보세요. 몇몇 교목성 동물은 꼬리를 팔다리처럼 이용할 줄 알아요. 꼬리로 나뭇가지를 휘감을 수도 있고, 물건을 옮길 수도 있으며, 심지어 먹잇감을 잡을 수도 있답니다.

17

둥지와 은신처

모든 생명체는 자식을 안전하게 지키고 싶어 해요. 그래서 안전한 집은 필수죠. 부리를 자유롭게 사용할 수 있는 새들은 자연의 재료를 엮어서 아늑한 둥지를 만들어요. 이미 만들어져 있는 빈 공간을 집으로 사용하거나 다른 새가 만든 둥지를 훔치는 새도 있어요.

아프리카베짜기새 둥지

바야베짜기새 둥지

몬테수마 오로펜돌라 둥지

울새 둥지

벌새 둥지

붉은화덕새 둥지

솜씨 좋은 새들

특히 솜씨가 좋은 새들이 있어요. 베짜기새는 풀과 잔가지를 엮어 둥지를 만들어요. 벌새는 훔쳐 온 거미줄로 집을 만들고 붉은화덕새는 진흙, 점토, 약간의 똥을 이용해 돔 모양의 집을 지어요.

남는 방 없나요?

집단베짜기새는 아파트같이 생긴 집을 좋아해요. 아프리카에 사는 이 새는 몇 세대에 걸쳐 수십 마리의 가족들이 함께 살 수 있는 거대한 집을 만들어요. 나무에 매달려 있는 이 둥지는 낮에는 사막의 열기를 피할 수 있고, 밤에는 따뜻해요. 가끔은 다른 새에게 빈방을 빌려주기도 한대요.

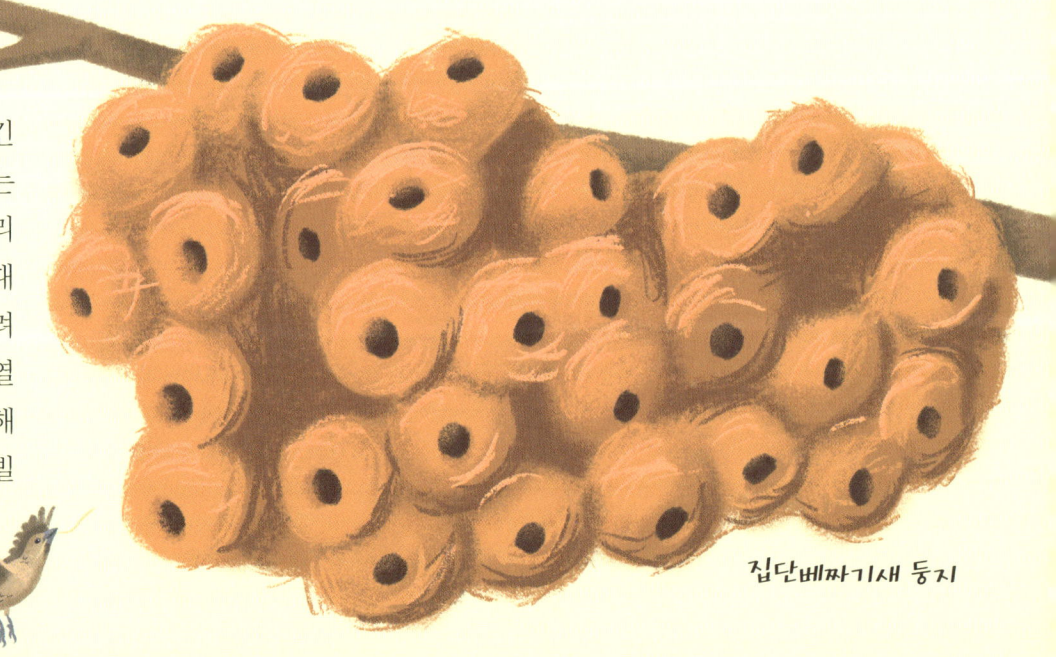

집단베짜기새 둥지

쌍살벌 둥지

재료는 충분해

자연의 건축가들은 주변에서 찾을 수 있는 재료를 사용해요. 베짜기개미는 애벌레가 고치를 만드는 실로 나뭇잎을 엮어 집을 만들어요. 꿀벌은 자기 몸에서 나오는 밀랍으로 집을 짓기도 하고, 꿀을 나눠 주는 대신 사람들이 만들어 놓은 벌통을 빌리기도 해요.

꼭꼭 씹어요

대부분의 말벌은 무리를 지어 사는데, 그중에는 상당히 독특한 집을 짓고 사는 종류가 있어요. 쌍살벌은 식물의 섬유와 자신의 침을 섞은 재료로 벌집을 만드는데, 그 모양이 우산이나 막대기를 닮았어요.

꿀벌 둥지

베짜기개미 둥지

힘들게 집을 지을 필요 없어요

울퉁불퉁하고 마디가 많은 나무는 자연 세계 최고의 부동산이에요. 수많은 새, 박쥐, 곤충, 개구리 등이 나무의 빈 공간을 집으로 삼고 살아요. 하지만 집을 오래 비우면 곤란해요. 그 집을 노리는 다른 동물이 많으니까요.

사라지는 숲

높은 곳에서 땅을 내려다보면 노란 농경지와 초록 숲이 분리되어 보여요. 그런데 한때는 빽빽한 열대 우림이었던 곳이 지금은 뻥 뚫린 농경지로 변해 버린 곳이 많아요. 사실 우리는 그 어느 때보다 빠른 속도로 숲을 잃어 가고 있어요. 노란 농경지를 초록 숲으로 돌려놓기엔 너무 늦었는지도 몰라요.

우리 집이 사라졌어요

기후가 온난한 삼림 지역부터 울창한 정글, 서리 내린 타이가 지역까지, 지구에 사는 육지 동물 반 이상이 숲에서 살고 있답니다. 그런데 그 동물들의 집이 지금 위험에 빠졌어요. 인간이 지난 몇백 년 동안 지구의 숲 3분의 1을 없애 버렸거든요. 숲이 사라지는 속도 또한 늦춰질 것 같지 않아요.

숲을 내버려두세요

오래된 나무가 가득한 숲은 무척 복잡해요. 울퉁불퉁하고 마디가 많은 나이 든 나무와 축축하게 쌓여 있는 죽은 나무 부패층은 엄청난 양의 탄소를 저장할 수 있어요. 멸종 위기 동물들에게는 안락한 집이 되어 주고요. 하지만 우리는 그 숲이 늙어 가도록 두지 않고 자꾸만 그 비밀을 파헤치려 해요.

다시 야생으로

자연은 스스로 치유할 수 있는 대단한 능력을 가지고 있어요. 오래된 숲을 복원하고 거기 원래 살던 동식물을 다시 채워 놓는 방식으로 도움을 줄 수도 있어요. 하지만 우리가 당장 시작할 수 있는 일은 우리에게 남겨진 야생의 장소를 보호하는 거예요. 그러면 숲도 그 대가로 우리를 안전하게 지켜 줄 거예요.

구름 위에서 사는 것 같나요?

우리 중 절반 이상이 도시 주위에 살고 있어요. 도시는 할 것도 많고 갈 곳도 많은 북적북적 재미있는 곳이죠. 이런 곳에서는 고층 건물을 집이나 직장으로 사용해요. 한 지붕 아래 수천 명이 함께 지내는 거죠.

어디까지 높아질 거야?

그리스 신화에서는 태양에 가까이 가가는 게 인간이 해서는 안 될 일이었어요. 하지만 현대의 고층 건물은 그 끝을 모르고 높이 치솟고 있어요. 종종 아래쪽에서는 무슨 일이 일어나고 있는지 모를 정도로요.

높은 건물들

대도시를 걷다 보면 건물들을 올려다보느라 목이 아플 수도 있어요. 건물은 점점 더 높아지고, 반짝이는 건물 유리창에 세상이 훤히 비쳐요.
지금까지 사람들은 여러 가지 이유로 높은 건물을 지었어요. 신을 기리기 위해, 왕과 왕비를 기억하기 위해, 또는 적이 다가오는 걸 지켜보기 위해. 높은 건물은 경치가 좋아요. 새들도 그걸 모를 리 없죠.

전망 좋은 둥지

높은 건물이 가득한 도시에는 사람만 사는 게 아니에요. 송골매는 고층 건물 한 켠, 매우 높은 곳에 둥지를 짓는 것으로 알려져 있어요. 비둘기도 도시 생활을 참 좋아해요. 세상에 공짜는 없다고 했던가요? 그러나 이 새들에게 고층 건물은 공짜랍니다.

무덤과 신전

우리는 죽으면 어떻게 될까요? 저 높은 곳엔 우리가 행복하게 지켜 주어야 할 누군가가 있는 걸까요? 우리는 어디에서 왔을까요?
우리는 고대부터 이런 질문을 해 왔어요. 그리고 기념비적인 건축물을 지으면 이 질문의 답을 찾는 데 도움이 될 거라 생각했어요. 그래서 우리는 줄곧 높은 건물을 지어 온 것이죠.

스톤헨지
기원전 2500년

운스탄 돌무덤
기원전 3400년

돌로 단단하게

인간이 만든 최초의 건축물은 잘 자른 돌을 쌓아서 만든 돌무덤일 거예요. 돌무덤은 중요한 인물들을 매장하는 곳, 예배 장소, 심지어 밤하늘을 가로지르는 별을 관찰하는 곳으로 사용되었어요.

파라오를 위해서

이집트 기자의 대피라미드는 파라오인 쿠푸 왕을 위해 만들었어요. 지난 4,000여 년 동안 지구상에서 인간이 만든 가장 높은 건축물로 유명했죠. 지금은 흙을 잔뜩 뒤집어쓴 모습이지만, 원래는 사막의 태양 아래 빛나는 매끄러운 흰 석회암으로 덮여 있었어요.

기자 피라미드
기원전 2600년

산치 대탑
기원전 300년

브라메스와라 사원
1058년

서광사탑
247년

사마라 대모스크
848년

샤르트르 대성당
1145년

멀리서도 눈에 띄게

건축 기술이 발전하면서 사람들은 더 멋진 건물을 짓고자 했어요. 먼 옛날 사람들은 나선형 신전, 나무로 된 탑, 복잡한 성당을 지었어요. 이 건물들의 목표는 멀리에서도 눈에 띄는 것이었죠. 실제로 지금도 여전히 눈에 잘 띄고요.

흔적을 남기지 마

우리는 성벽, 피라미드, 말에 탄 사람을 기리는 기념물 같은 큰 것을 남기는 문화를 선호하는 경향이 있어요. 하지만 우리가 지구에 남긴 많은 상처를 생각한다면 노래와 이야기를 남긴 사람들에게도 관심을 가져야 해요.

적의 침입을 막아라

왕이 다스리던 시대에는 적을 감시하기 위해 높은 성벽과 감시탑을 지었어요.
중국의 만리장성은 건조한 사막부터 높이 솟은 산꼭대기까지 뱀처럼 구불구불 길게 이어져 있어요. 이 기념비적인 건축물은 병사가 이동하고 보급품을 나르며 북쪽의 침입자들을 감시하는 데 사용되었죠.

낮에는 연기로, 밤에는 불빛으로

만리장성에서 급한 일이 생겼을 때 우편을 보내는 건 너무 오래 걸렸어요. 그래서 병사들은 침입자를 발견했을 때 낮에는 연기로, 밤에는 불빛으로 신호를 보냈어요. 어느 정도 위험한 상황인지 알려 주는 암호도 있었죠. 횃불 하나와 대포 한 방은 '병사 100명을 보내 달라'는 뜻이었고, 많은 횃불은 '주변 사람들을 다 깨우라'는 의미였다고 해요.

먹어도 된다고?

음식을 가지고 노는 건 늘 재미있어요. 만리장성은 소석회와 찹쌀가루를 섞은 찹쌀 풀을 접착제로 사용했다고 해요. 마르면 접착력이 놀라울 정도로 강력해서, 수 세기 동안 적의 공격과 지진을 견딜 수 있게 해 주었어요. 그렇다고 그걸 먹을 생각은 하지 마세요.

자연은 감시 중

사람들은 열심히 성을 지어 경계를 표시했지만, 자연은 이런 데에 별 관심이 없는 것 같아요. 높은 산에 지어진 만리장성은 이미 허물어지기 시작했거든요. 병사들이 서 있던 자리에는 나무가 자라고, 검독수리는 하늘 높이 날아다녀요. 어쩌면 자연이 우리를 감시하고 있는 건지도 몰라요.

높이, 더 높이

100년 전에는 300미터가 넘는 건물만 봐도 만들 안 되게 높다고 생각했어요. 하지만 지금은 그 높이가 두 배가 되어, 부르즈 할리파는 구름을 뚫고 830미터까지 뻗어 있어요. 이런 거대한 건물을 짓는 데는 어마어마한 에너지가 필요해요. 이제 얼마나 더 높이 올라야 만족할 건지 점점 궁금해지고 있어요.

누가 누가 더 높나

사람들은 경쟁이 조금 이상해져요. 1930년대 크라이슬러 빌딩, 40 월스 트리트, 엠파이어 스테이트 빌딩의 건축가들은 더 높은 건물을 짓기 위한 경쟁에 휘말렸어요. 그들은 이름을 하기 위해 계속 층수를 더했어요. 마침내 엠파이어 스테이트 빌딩이 승리를 차지했고, 거의 40년간 세계에서 가장 높은 건물이 있어요.

가장 의 등장

돌이나 벽돌로는 높은 건물을 짓는 데 한계가 있어요. 건물이 높아질수록 벽은 두꺼워져야 하거든요. 그러다 19세기 말 설계의 사용이 모든 걸 바꿔 놓았어요. 기둥자들도 굳이 없이 높아지는 고층 건물을 지을 수 있게 되었고, 그 결과 오늘날과 같은 도시의 모습이 완성되었어요.

바람에 견고하게

고층 건물은 바람이 불 때 길이 흔들리도록 설계해요. 반면에 땅 밑으로는 깊고 견고하게 고정되도록 하죠. 그런데 땅이 모래땅이라 견고한 기반을 만들 수 없으면 어떻게 해야 할까요? 부르즈 할리파처럼 거대한 콘크리트 슬리퍼를 신고 나머지는 마침에 맡겨야 할 거예요.

부르즈 할리파
830미터

세다 타워 (공사 중)
1,000미터 이상

타이페이 101
508미터

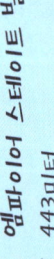

페트로나스 타워
452미터

엠파이어 스테이트 빌딩
443미터

선사 시대의 비행사

최초로 하늘을 난 척추동물은 익룡이에요. 이 거대한 파충류는 트라이아스기 후기인 2억 년 전에 나타나 공룡과 함께 살았어요. 익룡의 날개는 깃털 대신 몸통과 긴 네 번째 손가락 사이에 펼쳐진 얇은 막으로 이루어져 있었어요.

어이쿠, 무서워

부리는 아주 크고, 목은 기린처럼 길며, 펼친 날개는 작은 비행기만 한 털 난 짐승이 하늘을 날아다닌다고 상상해 보세요. 케찰코아틀루스는 지구에서 날아다녔던 동물 중 가장 큰 종으로 알려져 있어요. 폭신해 보이는 털에 속지 마세요. 여러분을 잡아먹을 수도 있으니까요.

높은 곳을 나는 것들

하늘을 날 수 있다면 굳이 걸을 이유가 있을까요? 지구상의 생물들은 지난 4억 년 동안 여러 방식으로 하늘을 차지해 왔어요. 먼 거리를 이동하거나 높은 곳에서 먹잇감을 찾기 위해서 하늘을 나는 것만큼 쉬운 방법은 없으니까요.

하지만 하늘을 나는 건 쉬운 일이 아니기에, 지금 자유롭게 하늘을 나는 동물들은 오랫동안 부단히 노력했을 거예요.

뜨는 것도 쉽지 않아

여러분의 몸이 정말 크다면 비행 과정 중 가장 힘든 순간은 맨 처음 땅 위로 떠오르는 때일 거예요. 몸집이 큰 익룡은 땅에서는 마치 박쥐처럼 날개를 접고 네 다리로 걸어 다녔답니다. 그래서 고생물학자들은 익룡이 날기 위해 네 다리를 모두 이용했을 거라고 생각해요.

새의 조상

사실이에요. 여러분의 집 앞마당에 정말 공룡이 있어요. 오늘날 우리가 보는 새들은 수각류에서 진화했으며, 티라노사우루스 렉스 같은 공룡 역시 같은 수각류에서 진화한 친척이라고 할 수 있어요. 그래서 새들이 저렇게 쉬지 않고 지저귀나 봐요.

어떤 날개가 좋을까?

비행은 힘든 일이기에 최적의 날개를 갖는 게 중요해요. 여러분이 숲에 살고 나무와 나무 사이의 짧은 거리를 이동해야 한다면 빠르게 방향을 틀 수 있는 짧고 둥근 날개가 좋아요. 반면에 먼 거리를 날아다녀야 한다면 바닷바람을 맞고 미끄러지듯 나아갈 수 있는 길고 얇은 날개가 필요하죠. 멀리 가지 않고 한자리에서 맴돈다면 긴 날개는 필요 없어요. 대신 최대한 빨리 날갯짓을 해야 한답니다.

속도가 필요할 땐

길고 뾰족한 날개는 속도를 내기에 좋아요. 제비와 칼새는 날개를 이용해 아주 먼 곳까지 이동해요. 또 송골매는 맹렬한 속도로 먹잇감을 향해 돌진하죠. 도망가던 생쥐에겐 안타까운 일이지만요.

이륙 준비 완료

울새나 참새처럼 작은 새는 포식자로부터 도망쳐야 할 순간 빨리 이륙할 수 있도록 타원형 날개를 가지고 있어요. 오랫동안 빠른 속도를 유지하지는 못하지만 꽤나 멋진 공중 곡예를 할 수 있어요.

제자리에서 둥둥

벌새는 매우 작고 가벼워서 조그만 날개를 빠르게 파닥거려야 제자리에 떠 있을 수 있어요. 에너지 소모가 많지만 그래야 상하좌우 마음대로 움직이면서 맛있는 벌레와 꿀을 마음껏 찾아다닐 수 있죠.

공기를 이용해요

뜨거운 공기는 위로 올라가죠. 새들도 하늘 높이 떠오르고 싶을 때 이 원리를 이용해요. 독수리와 매는 끝이 갈라진 널찍한 날개를 이용해 뜨거운 공기 기둥에 올라타요. 더 높은 곳에서 먹잇감이 더 잘 보이니까요.

흰머리수리

아메리카군함조

나그네알바트로스

붉은부리열대새

진홍저어새

부비새

큰 날개가 필요해요

나그네알바트로스는 날개폭이 무려 3.5미터로 새 중에서 가장 길어요. 이렇게 날개가 큰 데에는 다 이유가 있어요. 이 새는 바다에서 살기 때문에 긴 날개가 있어야 강한 바닷바람을 타고 쉽게 날아오를 수 있거든요.

춤추는 작은 곤충들

하늘을 난 최초의 동물은 선사 시대 파충류나 깃털 달린 새들이 아니라 곤충이에요. 화석에 남은 흔적에 따르면 약 4억 년 전 잠자리를 닮은 무척추동물이 하늘을 날았다고 해요. 척추동물보다 한참 전이죠.
곤충은 아주 작은 것들도 있지만, 날개폭이 여러분의 팔 너비보다 넓은 것들도 있어요. 나는 법을 배움으로써 곤충은 포식자로부터 도망칠 수 있었고, 대륙을 이동할 수 있었으며, 오늘날 우리가 아는 수백만 종의 곤충으로 진화할 수 있었답니다.

비행 클럽을 소개해요

곤충은 특별한 비행 클럽의 초창기 멤버예요. 다른 도움을 받지 않고 오로지 날개의 힘만을 이용해서 비행을 하거든요. 그 후 익룡, 새, 박쥐도 이 클럽의 멤버가 되었어요. 날개는 움직이지 않고 바람의 도움만으로 나는 동물들과는 확실히 다르죠.

작은멋쟁이나비
왕잠자리
실잠자리
공작나비

작다고 무시하지 마

작다고 해서 멀리 가지 못하는 건 아니에요. 작은멋쟁이나비는 사하라 사막을 가로질러 유럽에서 아프리카까지 먼 거리를 이동해요. 하지만 이 나비는 2~3주밖에 살지 못하기 때문에 고향으로 돌아오는 나비는 위대하고 위대한 후손이에요.

날개가 둘? 넷?

모든 곤충은 각자 스타일이 있어요. 나비와 나방 대부분은 날개가 두 쌍이지만 부엌을 윙윙거리며 날아다니는 파리는 날개가 한 쌍밖에 없어요. 딱정벌레는 단단한 껍데기 안에 날개를 숨기고 있어서 공중에서 좀 서툴러 보일지 몰라도 날 수는 있어요.

비행 패턴

해가 지평선 아래로 질 때, 자리를 잘 잡고 서 있으면 하늘을 가로질러 이리저리 방향을 트는 검은 구름을 볼 수 있어요. 그건 가스나 수증기가 아니에요. 바로 쉴 곳을 찾아 날아가는 찌르레기 떼랍니다.
이렇게 찌르레기가 떼 지어 날아가며 만드는 비행 패턴을 '머머레이션(murmuration)'이라고 불러요. 작은 새 수천 마리가 동시에 바람에 날개를 파닥이며 내는 소리 때문에 그렇게 부르죠.

눈치껏 척척

찌르레기 떼는 우두머리가 따로 없어요. 그럼 어느 쪽으로 갈지 어떻게 정할까요? 한 마리 한 마리가 무리 전체의 움직임을 파악하는 건 불가능할 거예요. 과학자들은 찌르레기가 자기 주변 일곱 마리의 움직임만 관찰하면 다음 동작을 알 수 있을 거라고 생각한답니다.

뭉쳐 있으니 안전해

우리는 찌르레기가 머머레이션을 만드는 이유를 정확히 알지 못해요. 다만 이렇게 모여 있으면 포식자들로부터 안전하긴 할 거예요. 배고픈 매가 사냥을 한다고 생각해 보세요. 홀로 나는 새는 잡기 쉽지만 한 덩어리로 소용돌이치는 새 무리를 쫓아가는 건 무척 힘들잖아요.

에너지를 아껴라

먼 거리를 나는 건 힘든 일이에요. 오리나 거위 같은 철새는 종종 바람의 저항을 줄여 쉽게 날기 위해 브이(V) 자 대형을 만들어요. 심지어 맨 앞자리를 번갈아 가며 맡아 체력 소모를 줄이기도 하죠.

자연에서 얻은 영감

발명가들은 늘 자연에서 아이디어를 빌려 왔어요. 레오나르도 다빈치도 마찬가지였어요. 그는 새와 박쥐가 나는 법을 관찰해서 사람이 타고 하늘을 나는 비행 기계를 만들고자 했어요. 비록 그는 사람이 나는 모습을 보지는 못했지만, 그의 설계는 수많은 사람들에게 영감을 주어 자연에 눈을 돌리게 했고, 결국 오늘날 우리가 이용하는 항공기가 탄생했어요.

시도는 좋았으나

다빈치는 '새의 날개'라는 뜻의 오니숩터 설계도를 그렸어요. 실크와 나무로 만든 이 날개는 사람이 직접 아래위로 퍼덕여야 움직이는 형태였어요. 설계도만 봤을 때는 그럴듯했어요. 하지만 인간에겐 스스로의 힘만으로 공중에 떠 있을 수 있는 팔 힘이 없다는 게 문제였죠.

붉은솔개

새의 두개골

깃털

깃털처럼 가벼워

새는 훌륭한 비행사가 되려고 계속 진화해 왔어요. 무거운 턱과 이빨 대신 부리를 갖추고, 매끈한 겉모습과 단열을 위해 깃털을 갖추었죠. 그리고 많은 새의 뼈는 속이 비어 있는데, 산소가 가장 필요할 때를 대비해 여분의 산소를 저장하기 위해서 그런 거죠.

단풍나무 씨앗

아이디어의 씨앗

다빈치는 열정이 많은 사람이었어요. 오니숍터뿐만 아니라 피라미드 모양 낙하산과 초기 잠수함을 설계했고, 심지어 떨어지는 단풍나무 씨앗을 보고 나사 모양 헬리콥터 설계도도 그렸어요.

다빈치의 낙하산
1480년대

다빈치의 공중 프로펠러
1480년대

다빈치의 오니숍터
1480년대

다빈치 이후

비행 기계로 하늘을 날 수 있을 거라는 아이디어를 처음으로 낸 사람이 다빈치일 거예요. 하지만 그가 마지막은 아니었어요. 이후 오토 릴리엔탈 같은 발명가들이 한층 정교한 글라이더와 비행 기계를 만들었어요. 몇몇은 성공했지만 나머지는 기대에 미치지 못했어요.

에드워드 프로스트의 오니숍터
1904년

오토 릴리엔탈의 글라이더
1894년

장마리 르 브리의 인공 알바트로스
1856년

하늘을 나는 사람들

트램펄린 위에서 폴짝 뛰어 보세요. 높이 뛰어올랐다 내려올 때까지 잠깐이라도 하늘을 나는 기분을 느낄 수 있어요. 초기 비행사들은 이 몇 초에 만족하지 못하고 가능한 한 오랫동안 공중에 머물고 싶어 했어요. 그들은 앞다퉈 기록을 세우고, 경쟁을 했으며, 결국 승객을 실어 나르는 비행기까지 만들어 냈죠. 이제 우리는 새로운 방향으로 날아가야 해요. 지금까지 가 본 적 없는 가장 흥미로운 방향으로요.

몽골피에 형제의 열기구
1783년

지파르의 비행선
1852년

종이 열기구를 띄우다

최초의 비행 기계는 나무나 알루미늄이 아닌 종이로 만들어졌어요. 바로 몽골피에 형제가 1783년에 띄운 열기구가 그것이죠. 하지만 공기보다 가벼워지는 방법으로는 발전이 없었어요. 무겁지만 땅에서 떠오르고 싶다면 날개가 필요했어요.

라이트 플라이어
1903년

블레리오 11호
1909년

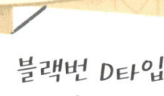

블랙번 D타입
1912년

앙투아네트 7호
1909년

듀펠듀상 A타입
1910년

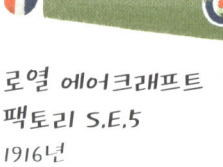

로열 에어크래프트 팩토리 S.E.5
1916년

타이거모스
1931년

어둠을 뚫고 날다

나라 간 갈등은 항공기 역사에 큰 영향을 끼쳤어요. 처음에는 감시를 위해서 띄웠지만 이후에는 항공기가 직접 전투에 참가했어요. 많은 비행사가 전투로 목숨을 잃었고 다른 이들의 목숨도 앗아 갔어요. 항공기라는 기계 뒤에는 그걸 조종하는 사람이 있다는 사실을 잊어서는 안 돼요.

성공의 이면

1920년대와 1930년대에는 환호하는 관객들을 두고 스턴트 공연을 하는 베시 콜먼 같은 놀라운 비행사들이 많았어요. 아멜리아 에어하트는 비행기를 몰고 세계 일주를 했죠. 엄청난 성공의 시대였지만 그만큼의 비극도 있었어요. 두 사람 다 비행기 사고로 세상을 떠났거든요.

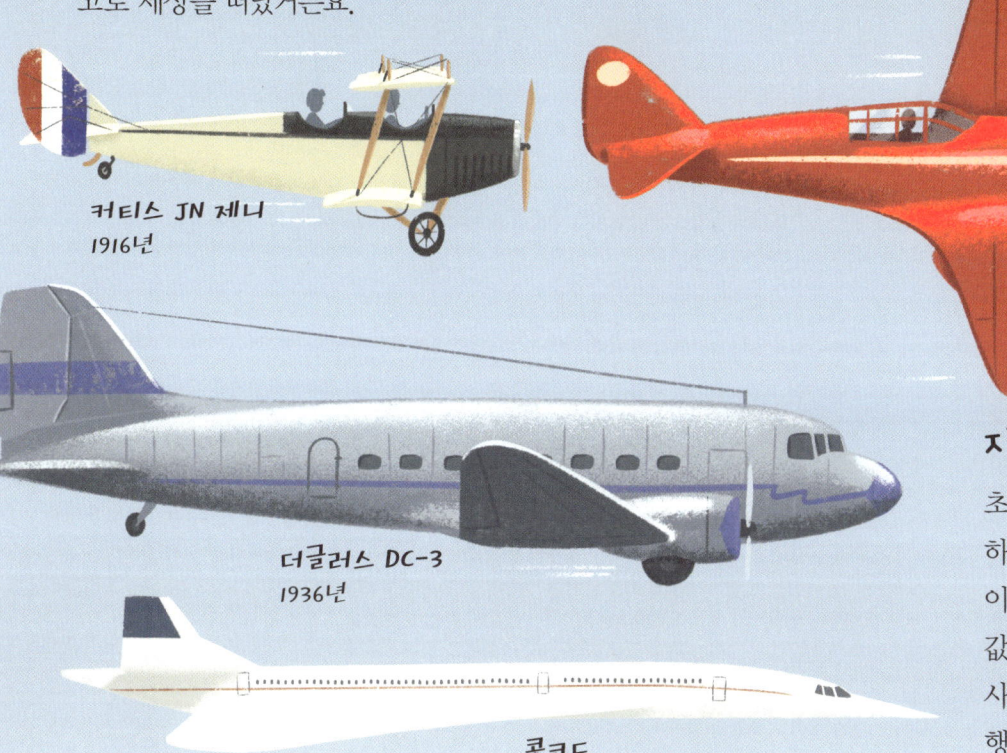

록히드 10E 일렉트라
1934년

파이퍼 PA-18 슈퍼컵
1949년

드 하빌랜드 DH.88 코멧
1934년

커티스 JN 제니
1916년

더글러스 DC-3
1936년

콩코드
1976년

지금 탑승 중…

초기 여객기는 비싸고 불편했어요. 하지만 비행기가 점점 커지고 더 높이 날게 되면서 비행기를 타는 것은 값비싼 취미가 되었어요. 이후 항공사가 늘어나면서 모든 사람들이 비행기를 탈 수 있었고, 여행 방식도 변하게 되었답니다.

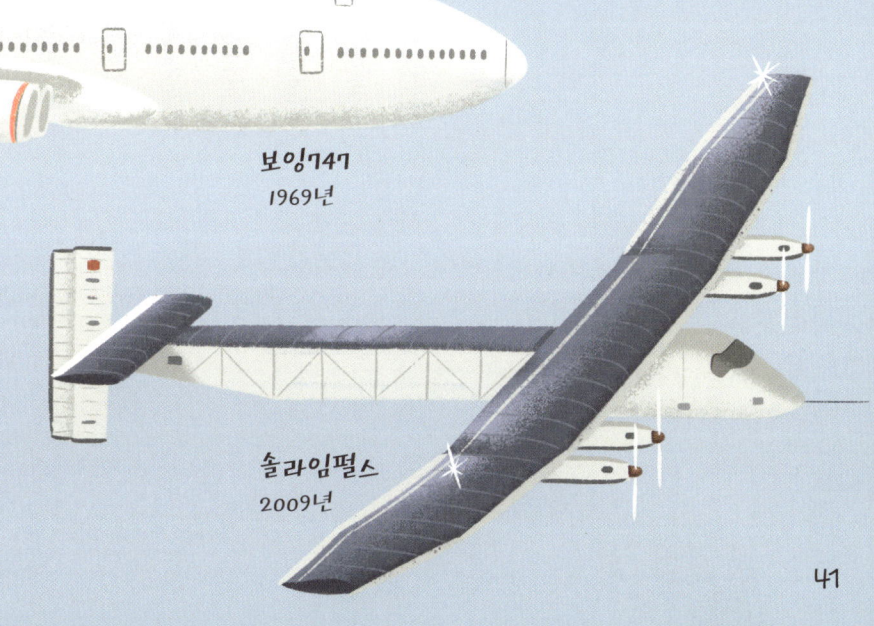

보잉747
1969년

솔라임펄스
2009년

비행의 미래

우리는 지금과 같은 방식으로는 비행을 계속할 수 없어요. 제트 연료는 기후 변화의 원인이 되는 이산화 탄소를 공기 중에 많이 배출하거든요. 다행히 새로운 대안을 찾기 위해 노력하고 있어요. 이미 솔라임펄스 2 같은 항공기는 오로지 태양 에너지만을 이용해서 지구를 한 바퀴 돌았답니다.

세상의 지붕

세상에서 가장 높은 산 대부분은 히말라야에 모여 있어요. 가장 높은 에베레스트산은 8,849미터이며 그 근처에 있는 칸첸중가산, 로체산, 마칼루산도 높이가 비슷해요.

산 정상을 향해

텐징 노르가이와 에드먼드 힐러리는 1953년 최초로 에베레스트산에 오른 사람들이에요. 그 뒤 수천 명이 산 정상에 올랐고, 산을 오르다 비극적으로 목숨을 잃은 사람도 많았답니다.

성스러운 산꼭대기

산은 성스러운 곳이에요. 사가르마타, 초모룽마, 에베레스트산은 모두 같은 봉우리를 일컫는 말이죠. 누군가에겐 이곳이 정복해야 할 대상으로 보이겠지만, 또 다른 누군가에겐 보호받아야 할 어머니신과 같은 존재랍니다.

높은 봉우리들

종이를 구겼다가 펼치면 손안에서 히말라야산맥을 볼 수 있어요. 깊은 산골짜기를 따라가면 뾰족한 봉우리들이 나오고, 그중에서도 가운데에 가장 높이 솟은 곳이 에베레스트산이죠.

이 놀라운 산맥은 수백만 년 전에 두 대륙이 충돌하면서 만들어졌고, 그 후 두 대륙은 조금씩 가까워지고 있답니다.

높은 산에도 생명이 살아요

높은 산에서 살아남는 건 쉽지 않지만 그래도 생명이 살고 있어요. 히말라야산양과 사향노루가 숲이 우거진 산기슭에서 풀을 뜯고, 눈표범이 바위투성이 절벽을 서성거려요. 아주 작은 거미들도 높은 산비탈에서 발견할 수 있어요.

점점 자라는 중

산이 자란다고? 정말? 사실 서로 충돌하여 히말라야를 만들어 낸 두 지각판이 아직도 계속 움직이고 있어 에베레스트산은 조금씩 높아지고 있어요. 하지만 1년에 겨우 5밀리미터 정도라서 눈에 잘 띄지는 않아요.

딱 적당한 고도

히말라야에는 다양한 종류의 생물이 살고 있어요. 풀로 뒤덮인 평지부터 바위가 뾰족뾰족한 절벽까지, 그곳에 사는 모든 동물은 극한의 상황에서 살아남기 위해 적응해 왔어요. 대부분 겁이 많고 눈에 잘 띄지 않지만, 종종 시끄럽고 눈에 띄는 화려한 색을 지닌 동물도 있어요.

레서판다

이 털외투 따뜻한걸

높은 곳에 사는 포유류에게는 따뜻한 털가죽이 꼭 필요해요. 히말라야마못은 촘촘하고 복슬거리는 털이 있어서 긴 겨울잠을 포근하게 보내기에 안성맞춤이에요. 레서판다는 빽빽하고 부드러운 속털과 덥수룩한 바깥 털을 이중으로 가지고 있어요. 커다란 꼬리로 몸을 감싸면 더 따뜻하게 지낼 수 있죠.

히말라야마못

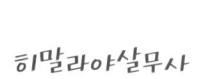

히말라야살무사

눈표범

어디 있지?

눈표범이 어디에 있는지 찾나요? 아마 눈표범은 아까부터 바위투성이 산에 숨어 여러분을 지켜보고 있었을 거예요. '유령 고양이'라고도 불리는 이 고독한 사냥꾼은 눈에 띄지 않고 숨어 지내는 데에 전문가랍니다. 하지만 이런 눈표범도 서식지 감소와 밀렵으로 위협을 받고 있어요.

산꼭대기보다 더 높은 곳에 살아요

히말라야보다 더 높은 하늘에 사는 동물들도 있어요. 노랑부리까마귀는 높은 산 위에서 빙글빙글 날아다니고, 검은목두루미는 그 아래 평원에서 멋지게 춤을 추죠. 하지만 화려한 걸로는 히말라야비단꿩의 강렬한 깃털 색을 이길 동물이 없어요.

노랑부리까마귀

히말라야비단꿩

검은목두루미

히말라야깡충거미

먹이를 향해 깡충

히말라야깡충거미는 에베레스트산 비탈에 살아요. 6,700미터 높이에서도 발견되는 이 작은 거미의 학명은 '모든 것 위에 서 있다'라는 뜻이죠. 이렇게 높은 곳에서는 먹을 게 거의 없기 때문에 바람을 타고 날아온 곤충을 먹는답니다.

히말라야산양

사향노루

뛰어난 감각이 도움이 돼요

흰배사향노루는 땅거미가 지면 나뭇잎이나 이끼를 찾아 조용히 돌아다녀요. 숲에 사는 겁 많은 이 친구는 매우 뛰어난 청각과 후각으로 위험을 감지해요. 안타깝게도 사향노루는 멸종 위기에 처해 있어요. 향수를 만드는 데 필요한 사향을 얻으려는 사람들 때문이죠.

산에서 사는 삶

나마스테! 여러분은 히말라야 높은 곳에 이르렀어요. 해발 수천 미터나 되지만 세계에서 가장 높은 봉우리에 비하면 한참 아래랍니다. 구불구불한 길을 지나고 공중에 매달린 다리를 건너가면 산기슭에 있는 계단식 마을에 도착해요. 여기선 자동차가 딱히 필요 없어요. 튼튼한 신발 한 켤레와 야크 한 마리면 충분해요.

쓰임새 많은 야크

근처에서 딸랑딸랑 종소리가 들린다면 야크 무리가 지나가는 소리일 거예요. 이 털 많은 친구들은 수 세기 동안 히말라야를 가로지르며 무거운 짐을 운반하는 데 도움을 주었어요. 사람들은 야크의 젖을 짜서 먹고, 털로는 옷을 만들며, 똥은 연료로 사용해 왔어요.

산 오르는 것쯤이야

셰르파는 네팔의 높은 산에 사는 소수 민족으로 원래는 농부였어요. 전문가의 도움 없이는 관광객들이 히말라야 정상에 오르지 못하자, 몇몇 셰르파들이 직접 뛰어난 등반가이자 안내자로 활동하기 시작했어요. 등산은 감자를 재배하는 것보다 훨씬 많은 돈을 벌 수 있지만, 그렇다고 돈이 안 드는 건 아니에요.

변해 가는 산

산에서의 삶이 변화하고 있어요. 원래 히말라야에는 야크를 키우며 유목 생활을 하는 사람들이 많았지만, 젊은 세대는 새로운 길을 선택하거나 대도시로 이사를 가는 경우가 많아요. 하지만 아무리 멀리 가더라도 마음의 고향은 언제나 히말라야랍니다.

위험한 꿈

나무에 올라가 본 적이 있다면 세상 꼭대기에 있는 기분이 어떤 건지 잘 알 거예요. 어떤 사람들은 나무에서 멈추지 않고 산에 도전해요. 그것도 세상에서 제일 높은 산에요. 등반가들은 결단력 있는 사람들이에요. 높은 산에서는 어떤 문제라도 생길 수 있으니 다시 내려올 때를 정확하게 판단하는 것이 중요해요.

줄을 서세요

슈퍼마켓에서 줄을 서는 것은 짜증 나는 일이죠. 그런데 이렇게 높은 산에서도 줄을 서야 해요. 에베레스트는 1년 중 날씨가 적당한 몇 주만 접근할 수 있어요. 그래서 그 기간에 산 정상에 오르려는 사람들이 한꺼번에 몰려들어 추운 데서 오랫동안 줄을 서서 기다려야 한답니다.

강렬한 햇빛에도 대비해요

등반가는 극한의 추위에도 대비해야 하지만 얼음에 반사되는 강렬한 태양 빛을 막을 준비도 해야 해요. 눈을 보호하는 게 필수인데, 그렇다고 파라솔을 쓸 순 없잖아요.

등산용 고글

밧줄

얼음도끼

카라비너

아이스 스크루

구식 산소 공급기

쓰레기는 그만!

에베레스트산 비탈엔 플라스틱, 낡은 밧줄, 빈 산소 탱크 등으로 어지러워요. 다행히 새로운 법이 만들어져서 산에 쌓여 있는 쓰레기들이 점차 치워지고 있대요.

쓰레기

희박한 공기

높이 올라갈수록 공기가 부족해져요. 대부분의 등반가들은 에베레스트산 정상에 오르기 위해 산소 탱크에 담긴 산소를 사용해요. 올라갈 때는 물론 내려올 때 쓸 산소도 남겨 두어야 해요.

외기권
고도 10,000킬로미터까지
가장 바깥 대기층으로 경계가 모호해요. 외기권은 공기가 극도로 적고 광활한 우주 속으로 점차 사라져 간답니다. 지구여, 안녕.

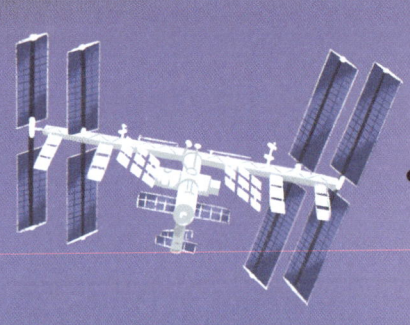

열권
고도 600킬로미터까지
열권은 태양에서 오는 엑스선과 자외선 복사를 대부분 흡수하기 때문에 온도가 매우 높아요. 지구 궤도를 도는 위성과 망원경 때문에 북적이는 곳으로 앞으로 더욱 복잡해질 전망이에요.

카르만 선

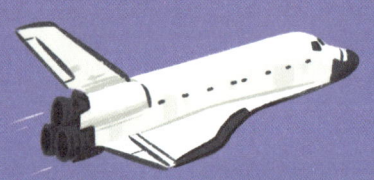

중간권
고도 85킬로미터까지
대기를 깊은 바다라고 생각한다면 중간권부터 파도가 일렁이기 시작한다고 할 수 있어요. 이 차갑게 얼어붙은 층 주변으로 강한 바람과 중력파가 몰려와요. 지구로 날아가던 별똥별 대부분이 중간권에서 타서 사라지죠.

오존층

성간 우주

높은 하늘

우주는 추워요. 그래서 지구는 스웨터를 몇 겹, 정확히 다섯 겹을 겹쳐 입어야 해요. 하지만 여러분이 생일 선물로 받은 스웨터와는 달리 대기권은 지구 복사 에너지를 흡수하고, 별똥별을 태워 버리며, 우리의 소중한 공기가 우주로 빠져나가지 못하게 막아 주는 역할을 해요. 아주 소중한 스웨터니까 조심조심 손빨래를 하는 게 좋겠죠?

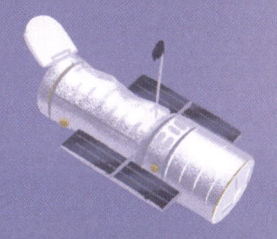

대류권
고도 14.5킬로미터까지
비에 젖었을 때는 대류권에 화풀이를 하면 돼요. 밀도와 습도가 높은 이 층은 공기와 수증기가 가득하여 계속해서 구름을 만들어 내고 있거든요. 적도 부근에서 가장 두껍고 극지방에서 가장 얇아요.

성층권
고도 50킬로미터까지
성층권에서는 높이 올라갈수록 따뜻해져요. 여기엔 오존층이 있어서 자외선 차단제처럼 태양 복사열을 흡수해요. 비행기와 일부 새들이 좀 더 안정적인 비행을 위해 이곳까지 올라온답니다.

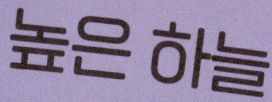

구름 관찰하기

머리 위에 떠다니는 구름을 자주 관찰하나요? 그럼 날씨를 연구하는 기상학자가 되어 보는 건 어떨까요? 기상학자는 새털 같은 권운, 콜리플라워 같은 적운, 뭔가 불길한 느낌이 나는 비구름을 계속 관찰하는 사람이거든요.

난층운

권층운

이름으로 알 수 있다고?

구름의 이름은 크기나 형태를 보고도 짓지만 생기는 높이에 따라서 짓기도 해요. 이름에 '층'이 들어가는 구름은 하늘에 낮게 걸려 있어요. '고'로 시작하는 구름은 중간쯤에, '권'으로 시작하는 구름은 하늘 높은 곳에 생기죠. 비구름인 난운은 수증기를 많이 포함하고 있어 언제 갑자기 비를 쏟을지 몰라요.

고적운

고층운

적운

우주에도 구름이 있어요

지구에만 구름이 있는 게 아니에요. 금성에는 황산으로 된 샛노란 구름이 있고, 목성에는 소용돌이치는 암모니아 폭풍이 있으며, 화성에는 반짝이는 얼음 조각으로 만들어진 무지개색 구름이 있어요.

적란운

권운

권적운

덕분에 시원했는데

구름과 멸종은 상관없다고 생각할 수 있지만 그렇지 않아요. 지구가 따뜻해지고 대기권의 화학 물질이 변화하면 특정한 종류의 구름이 점차 사라질 수 있어요. 그러면 큰 문제가 생기게 돼요. 층적운 같은 구름은 태양 광선을 막아서 우리 지구를 시원하게 유지하는 역할을 하거든요.

층적운

층운

심각한 위험

여러분 머리 위 높은 곳의 대기는 질소, 산소, 그리고 다른 기체들이 약간 섞여 있어요. 이 작은 행성의 생명들이 번성하기에 완벽한 조합이죠.

그런데 그 기체들의 비율이 빠르게 변하고 있어요. 우리가 사용하는 화석 연료가 이산화 탄소 등의 가스를 만들어 내 공기를 탁하게 하고, 그 결과 지구의 열이 빠져나가지 못해 지구의 온도를 높이기 때문이에요. 아직은 최악의 상황을 막을 수 있지만, 시간이 많지 않아요.

과거의 지구가 준 선물

3억 년 전 지구는 습하고 질퍽거리는 곳이었어요. 죽은 식물이 분해되면서 천천히 토탄이 된 다음 석탄, 석유, 천연 가스 같은 화석 연료로 변했어요. 이 에너지들은 모두 땅속 깊은 곳에 파묻혀 있었는데, 사람들이 그 존재를 알아차리고 캐내어 태우기 시작했어요.

산업 혁명 이후

1700년대에는 새 의자가 필요하면 직접 의자 만드는 사람을 찾아가야 했어요. 그러다 사람들은 꾀를 내기 시작했죠. 의자를 많이 빠르게 만들어 내는 공장을 지으면 어떨까 하고요. 이후 공장에서는 증기 기관, 비행기, 강철 자동차도 만들 수 있게 되었죠. 이렇게 산업 혁명이 시작되었고 우리는 화석 연료에 의존하게 되었어요.

푸른 하늘을 계속 보고 싶다면

지금 우리에게 벌어지는 일이 두렵게 느껴질 수도 있어요. 하지만 우리는 큰 도전에 직면할 때마다 그걸 극복하기 위해 함께 노력해 왔다는 걸 잊지 마세요. 우리에겐 바람과 태양으로 에너지를 만들어 내는 기술이 있고, 지구에 사는 모든 이에게 그 에너지가 공평하게 돌아가야 한다고 믿는 따뜻한 마음이 있답니다.

화석 연료 사용을 줄여야 해요

이산화 탄소 배출량을 그래프로 그려 보면 아마 이 책에 그려진 높은 산보다 더 가파른 그래프가 완성될 거예요. 지구의 인구가 증가하면서 화석 연료에 대한 의존성도 커져 가고 있어요. 이제 기후 변화를 막기 위해서는 화석 연료 사용을 줄여야 해요. 그래도 이산화 탄소 배출량은 우리의 노력으로 바꿀 수 있잖아요.

우주에서 보는 지구

언젠가 우주선을 타고 지구 밖으로 나가게 되면(언젠가는 가능하겠죠?) 머나먼 우주에서 지구를 바라볼 수 있을 거예요. 광활한 바다, 소용돌이치는 구름, 눈 덮인 산꼭대기가 보이겠죠. 그러다 지구에 밤이 찾아오면 불을 환히 밝힌 도시가 보일 거예요. 그럼 지구에 사람이 얼마나 많이 사는지 실감날 거예요.

이 모든 게 대기라는 얇은 담요에 싸여 있어요. 그런데 담요 여기저기에 이미 구멍이 나고 말았어요. 지금과 같은 삶의 방식을 고집한다면 영영 대기를 잃게 될지도 몰라요. 대기는 어디서 살 수 있는 게 아니에요.. 다행히 우리가 잘 관리한다면 살 필요가 없을지도 몰라요.

세계수

북유럽 신화에서는 우주 한가운데에 위그드라실이라는 커다란 나무가 자라고 있다고 해요. 그 뿌리와 가지는 신의 영역인 아스가르드, 인간의 영역인 미드가르드를 포함한 아홉 개의 세계와 연결되어 있답니다.

발할라로 여행을 떠나요

바이킹은 전투 중에 죽은 용감한 전사는 하늘에 있는 넓은 공간인 발할라로 떠난다고 믿었어요. 이곳은 오딘이라는 신이 다스리며, 최후의 날인 라그나뢰크에 마지막 전쟁을 치를 때까지 축제를 벌인다고 해요.

저기 북극광이 있어요

북극광(오로라)은 오래전부터 여러 문화의 이야기 속에 등장해 왔어요. 누군가는 북극광을 춤추는 영혼이라 생각했고, 엄청난 고난이 닥칠 거라는 경고로 보는 이들도 있었어요. 핀란드에서는 전설 속 여우가 숲을 통과하면서 꼬리로 만들어 낸 불꽃이 북극광이 되었다고 믿었답니다.

높은 신의 영역

밤하늘을 올려다봐요. 아마 수천 년 전 사람들도 지금 우리가 보는 것과 똑같은 광경을 보았을 거예요. 빛나는 별들과 불타는 혜성을 말이에요. 우리가 과학을 이용해 밤하늘을 이해한다면, 고대 문화는 우주를 배경으로 거대한 전투를 벌이는 신과 거인이 나오는 신화로 설명했답니다.

하늘의 신

옛날에는 인간으로 사는 게 쉽지 않았어요. 가뭄, 전염병 등 목숨을 위협하는 일이 많았거든요. 그러다 보니 모든 문제를 신의 일로 보는 것이 이치에 맞았고, 모든 문화에는 그들만의 신이 있었어요.

태양과 관련이 있어요

태양은 생명을 가져다주는 존재이기에, 많은 고대 신과 여신이 태양과 관련이 있었어요. 이집트 신화에서 태양신 라는 세상에 빛을 전해 주기 위해 황금 조각배를 타고 하늘을 가로질렀다고 해요.

라
이집트
태양신

아리니티
히타이트 제국
태양의 여신

아마테라스
일본 신도
태양의 여신

아폴론
그리스 태양신

일상 속에도 신이 있어요

고대의 신들은 오늘날 우리 생활에 여전히 남아 있어요. 목요일의 영어 이름 'thursday'가 '토르'에서 왔듯이 요일의 영어 이름 대부분은 북유럽 신들의 이름을 딴 거예요. 태양계의 행성 이름 역시 그리스와 로마의 신 이름에서 가져왔답니다.

별의 신

달은 종종 변화와 새로운 삶과 관련이 있어요. 점점 차오르다가 다시 줄어들어 완전히 사라지고, 또다시 완전히 새롭게 태어나잖아요.

쌍둥이 신이 많아요

천상의 신 중에는 쌍둥이가 많아요. 고대 이집트인들은 땅의 신 게브와 하늘의 신 누트를 같이 숭배했어요. 그리스 신화에서는 아르테미스가 달과 관련이 있고, 쌍둥이 형제 아폴론은 태양과 관련이 있어요.

아르테미스
그리스 달의 여신

코욜샤우키
아즈텍 달의 여신

난나르
메소포타미아 달의 신

밖에 마차가 대기 중입니다

넓은 천상의 세계를 가로지르기 위해서는 이동 수단이 필요해요. 힌두 신 찬드라는 영양이 모는 마차를 몰고, 노르웨이 여자 거인 노트는 흐림팍시(서리 내린 갈기)라는 말을 타고 밤하늘을 날아다녔어요.

노트
노르웨이 여자 거인

찬드라
힌두 달의 신

별에 얽힌 이야기

여러분 머리 위 세상은 복잡한 곳이에요. 거대한 곰이 새끼를 향해 울부짖고, 독수리는 은하수를 지나 날아오르며, 날개 달린 페가수스는 우주를 가로질러 달려가요.

인간은 오래전부터 별들 사이에서 특별한 모양을 찾았어요. 지금 여러분도 할 수 있어요.

독수리자리

큰곰자리

별을 보며 길을 찾아요

하늘의 특정한 위치에 뜨는 별을 알고 있다면 그것으로 집에 가는 길을 찾을 수 있어요. 뱃사람들은 수 세기 동안 별자리를 이용해 길을 찾았어요. 오늘날도 마찬가지랍니다.

페가수스자리

같은 별자리, 다른 해석

사람들은 밤하늘에서 서로 다른 걸 보아요. 같은 전갈자리를 보고도 누구는 전갈을 떠올리고, 누구는 뱀을 생각하죠. 문화는 서로 다르지만 신기하게 비슷한 생각을 떠올릴 때도 있어요. 지구 반대편 사람들 중에서도 오리온자리를 보며 전사를 떠올린 사람들이 있대요.

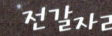
전갈자리

에뮤자리

청룡자리

오리온자리

토끼자리

어두운 별자리

서양 문화에서는 별에서 형태를 찾았다면 오스트레일리아 토착민들은 별 사이 빈 공간에서 별자리를 발견했어요. 에뮤자리는 은하수 중 검게 보이는 부분을 따라 길게 뻗어 있어요.

사방 신을 아나요?

고대 중국에서는 신성한 동물 네 마리가 하늘을 지키고 있었어요. 동쪽은 파란 용인 청룡이, 서쪽은 흰 호랑이인 백호가, 남쪽은 빨간 새인 주작이, 북쪽은 검은 거북 현무가 그것들이죠. 각각은 서로 다른 계절을 나타내며, 작은 별자리들로 이루어져 있었어요.

바쁜 하늘길

하늘은 바쁜 곳이에요. 인간과 동물 비행사들이 지구를
지그재그로 가로지르며 기록을 깨고,
바다를 건너 이동하고, 하늘 위에서 세상을 내려다본답니다.

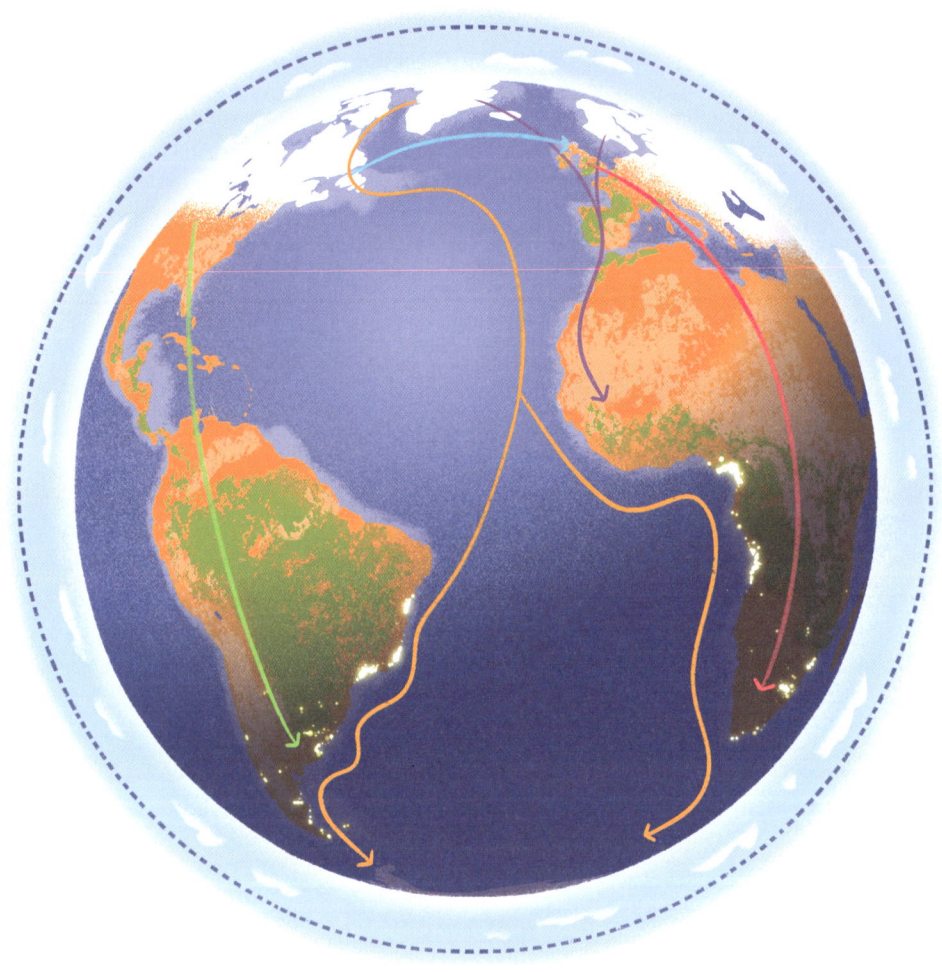

아멜리아 에어하트의 1932년 비행 경로
3,260킬로미터 단독 비행

작은멋쟁이나비 이동 경로
14,000킬로미터 왕복

국제 우주 정거장
90분마다 지구 궤도 돌기

북극제비갈매기 이동 경로
30,000킬로미터 왕복

제비 이동 경로
20,000킬로미터 왕복

황무지말똥가리 이동 경로
19,200킬로미터 왕복

비행 규칙

비행 기술을 터득하기 위해서는 오랜 시간 연습이 필요해요.
날개에서 깃털을 떼어 내고 구름 사이로 날아오르기 위해서는
무엇이 필요한지 살펴봐요.

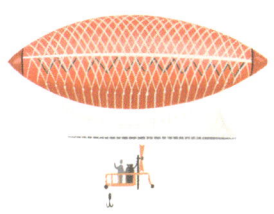

공기보다 가볍게

공기보다 가볍다면 쉽게 떠오를 수 있어요. 하지만 우리는 그렇게 가볍지 않기 때문에 뜨거운 공기, 수소, 헬륨 같은 기체가 필요하죠. 제트기를 다시 차갑게 식혀 지구로 돌아와야 한다는 것을 잊지 마세요. 잘못하면 성층권까지 날아가 버릴지도 모르니까요.

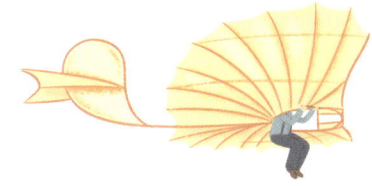

날개를 달아요

비행을 위해 꼭 필요한 준비물이라면 바로 날개겠죠. 캔버스 천, 깃털, 심지어 우리 피부를 이 멋진 날갯짓에 이용할 수 있어요. 길고 뾰족한 날개는 속도를 내기 좋고, 짧고 둥근 날개는 방향을 틀기 좋아요. 왜 한 번 만에 포기하나요? 두 번, 세 번, 그 이상 시도해야죠.

크기가 중요해

크기가 작으면 비행에 아주 유리해요. 성가신 중력이 세게 끌어당기지 않으니, 빠르게 날개를 퍼덕이기만 하면 어렵지 않게 날아오를 수 있거든요. 셀 수도 없이 많은 곤충들은 하늘을 날아다니지만, 코끼리는 그러지 못하는 게 다 그런 이유랍니다.

추진력은 필수

모든 준비를 마치고 위로 떠올랐다고 해도 앞으로 나아가기 위해서는 추진력이 필요해요. 엔진의 회전 속도를 높이고 날개를 퍼덕거리며 힘차게 공중으로 뛰어올라요. 속도를 늦추고 싶다면 좀 힘들겠지만 날개를 기울이면 돼요.

동료들을 찾아요

비행보다 더 좋은 건 그걸 친구들과 함께하는 거겠죠. 동료들을 찾아서 줄 맞춰 나는 연습을 하세요. 여럿이 함께라면 더 안전해요. 동료들과 타이밍만 잘 맞추면 하늘에 아름다운 무늬를 만들어 낼 수도 있어요.

새들에게 친절하세요

결국 그들도 공룡 집안의 후손이니까요.

용어 사전

거리 감각 사물을 3차원(길이, 너비, 높이)으로 볼 수 있는 능력으로, 사물이 얼마나 멀리 떨어져 있는지 정확히 가늠하는 것을 말해요.

교목성 동물 키가 크게 자라는 나무인 교목에서 주로 사는 동물을 말해요.

균근망 식물끼리 서로 연결하는 지하 소통망으로 물, 탄소, 질소, 영양소, 미네랄을 서로 주고받을 수 있어요.

머머레이션 찌르레기 떼가 무리를 지어 날아가며 만드는 다양한 비행 패턴을 말해요. '중얼거림'이라는 의미도 있어요.

무척추동물 곤충, 거미, 지렁이처럼 척추(등뼈)가 없는 동물을 말해요.

산업 혁명 18세기, 물건을 만들던 장소가 작은 가게와 집에서 큰 공장으로 넘어가던 시기를 가리켜요. 시골 사람들도 일을 하기 위해 대도시로 이동하면서 문화 전반에도 큰 변화가 일어났어요.

수각류 공룡의 주요 분류 중 하나로, 두 발로 걷는 육식 공룡을 말해요. 트라이아스기 말기에 나타나 백악기-제3기 대멸종 때 절멸했으나 일부는 조류로 살아남았다고 해요.

엽록소 식물에서 흔히 발견되는 초록색 색소로, 햇빛을 흡수하여 성장에 필요한 에너지를 공급해요. 식물이 빛 에너지를 이용하여 이산화 탄소와 수분으로 유기물을 합성하는 과정을 광합성이라고 해요.

오니숍터 날개를 위아래로 흔들며 날던 초기 비행기를 말해요.

척추동물 포유류나 파충류처럼 척추가 있는 동물을 말해요.

타이가 지구의 먼 북쪽에 위치한 축축한 습지대로 소나무와 전나무가 많이 자라요. '냉대림'이라고도 불러요.

탄소 식물, 흙, 숲에 안전하게 저장되어 있는 화학 원소로 자연이 파괴되면 탄소 배출이 늘어나고 이는 기후 변화의 원인이 돼요.

태양 복사 태양에서 방출되는 복사 에너지를 일컫는 말이에요. 지구에서는 대기를 통과하면서 걸러지고 흩어져요. 이 에너지를 모아 전기 같은 유용한 에너지 형태로 만들 수 있어요.

화석 지질 시대에 생존한 동식물의 유해와 활동 흔적 따위가 퇴적물 중에 매몰된 채로 또는 지상에 그대로 보존되어 남아 있는 것을 통틀어 이르는 말이에요.

화석 연료 지질 시대에 생물이 땅속에 묻혀 화석같이 굳어져 오늘날 연료로 이용하는 물질로, 석탄 등이 여기에 속해요.

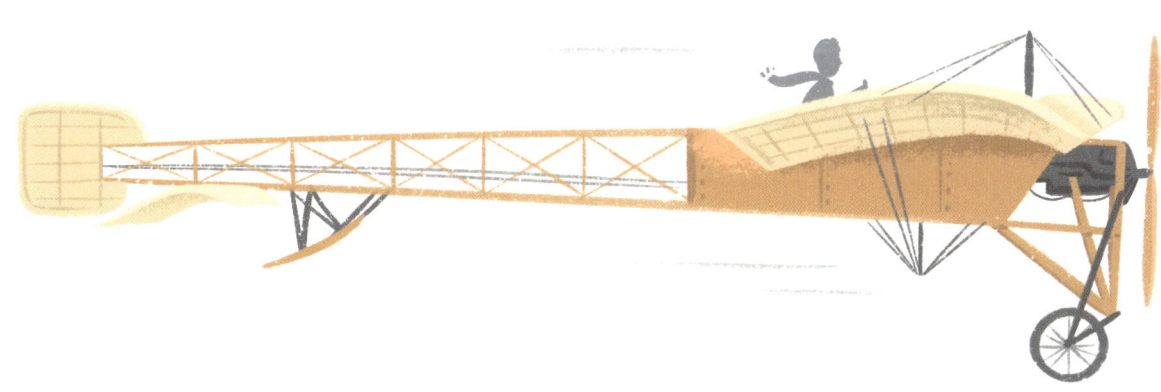

찾아보기

ㄱ
거리 감각 12
겨울잠 44
고생물학자 31
공룡 30-31, 65
교목성 동물 16-17
구름 52-53, 56
균근망 13
기상학자 52
기후 15, 20, 41, 55

ㄴ
나무 10, 12-17, 18, 19, 21, 27, 32, 38, 39, 48, 58
나이테 15
낙하산 17, 39
날씨 48, 52-53
농경지 20

ㄷ
대기 50-51, 54, 56
도시 22-23, 28, 56
돌무덤 24
둥지 13, 18-19, 23

ㄹ
레오나르도 다빈치 38, 39

ㅁ
만리장성 26-27
맹금류 12
머머레이션 36-37
멸종 53
무덤 24-25

무척추동물 34

ㅂ
발명가 38-39
벌집 19
별 59, 61, 62, 63
별똥별 50, 51
별자리 62-63
북극광 59
비행기 30, 40-41, 51, 54
비행사 10, 30, 38, 40-41, 64
비행선 40

ㅅ
사막 18, 24, 26, 35
산 42-43, 46-47, 48-49
산소 10, 38, 49, 54
산업 혁명 54
새 12-13, 18-19, 27, 31 32-33, 34, 38, 45, 51, 64, 65
서식지 44
선사 시대 30, 34
셰르파 47
수각류 31
숲 20-21, 32, 43, 45, 59
신전 24-25
신화 22, 58, 59, 60-61, 62-63

ㅇ
야크 46, 47
에베레스트(산) 42-42, 45, 48-49
연륜연대학자 15
열대 우림 20
엽록소 12

오니솝터 38-39
우주 50-51, 52, 56-57, 58, 59, 62
이산화 탄소 41, 54-55
익룡 30-31, 34

ㅈ
적도 51
제트 연료 41
진화 31, 34, 38
질소 54

ㅊ
척추동물 30, 34

ㅌ
타이가 20
탄소 21
탑 25
태양 복사열 51
트라이아스기 30
트램펄린 40

ㅍ
파라오 24
파충류 16, 17, 30, 34
포식자 13, 32, 34, 37
포유류 16, 17, 44

ㅎ
햇빛 12, 14, 49
헬리콥터 39
화석 연료 54-55
히말라야 42-43, 44, 46-47

지은이 제스 맥기친 Jess McGeachin

오스트레일리아의 떠오르는 그림책 작가이자 일러스트레이터입니다. 대학에서 커뮤니케이션 디자인을 공부하고 그래픽 디자이너로 일하다 뒤늦게 그림책 작업을 시작했습니다. 특히 과학 삽화가로 일한 어머니의 영향과 그 자신이 멜버른 박물관에서 일한 경험이 자연과 숨겨진 세상에 대해 상상하고 그것을 그림으로 옮기는 데 큰 역할을 했습니다. 2019년 첫 그림책《Fly》로 오스트레일리아 아동도서위원회(CBCA) 크라이튼상 후보와 퀸즈랜드 문학상 최종 후보에 올랐습니다. 그리고《DEEP 딥》은 2023년 CBCA 이브 포날상 부문의 주목할 만한 도서에,《HIGH 하이》는 2024년 CBCA 이브 포날상 부문의 주목할 만한 도서에 선정되었습니다. 이 밖에도《LOST》등의 그림책과 논픽션 책을 비롯하여 아홉 권의 책을 펴냈습니다.

옮긴이 윤영

서울대학교 미학과를 졸업하고 같은 대학원에서 고고미술사학과를 수료했습니다. 현재 번역 에이전시 엔터스코리아에서 번역가로 활동 중입니다. 옮긴 책으로는《아이디어가 고갈된 디자이너를 위한 책: 로고 디자인 편》《아이디어가 고갈된 디자이너를 위한 책: 일러스트레이션 편》《아이디어가 고갈된 디자이너를 위한 책: 타이포그래피 편》《광활한 우주 대탐험》《발명의 역사》《과학 속 슈퍼스타》《세상에 대하여 우리가 더 잘 알아야 할 교양 85》등 다수가 있습니다.

감수자 정현철

서울대학교 지구과학교육과를 졸업하고 같은 학교에서 과학교육 및 천문학 전공으로 석사, 박사학위를 받았습니다. KAIST 과학영재교육연구원장을 지냈습니다. 과학 영재들이 수학, 과학의 핵심 개념과 원리를 이해하고, 이를 바탕으로 창의성과 탐구 능력을 향상시킬 수 있는 교육자료 개발과 국가 과학 영재 교육 정책과 관련된 다양한 연구를 수행하고 있습니다.

HIGH 하이

1판 1쇄 인쇄 2024년 5월 28일
1판 1쇄 발행 2024년 6월 7일

지은이 제스 맥기친
옮긴이 윤영
감 수 정현철

발행인 김기중
주간 신선영
편집 백수연, 한미경
마케팅 김신정, 김보미
경영지원 홍운선
펴낸곳 도서출판 더숲
주소 서울시 마포구 동교로 43-1 (04018)
전화 02-3141-8301
팩스 02-3141-8303
이메일 info@theforestbook.co.kr
페이스북 @forestbookwithu
인스타그램 @theforest_book
출판신고 2009년 3월 30일 제2009-000062호

ISBN 979-11-92444-95-6 73400

※ 이 책은 도서출판 더숲이 저작권자와의 계약에 따라 발행한 것이므로
  본사의 서면 허락 없이는 어떠한 형태나 수단으로도 이 책의 내용을 이용하지 못합니다.
※ 잘못된 책은 구입하신 곳에서 바꾸어 드립니다.
※ 책값은 뒤표지에 있습니다.
※ 여러분의 원고를 기다리고 있습니다. 출판하고 싶은 원고가 있는 분은
  info@theforestbook.co.kr로 기획 의도와 간단한 개요를 적어 연락처와 함께 보내주시기 바랍니다.